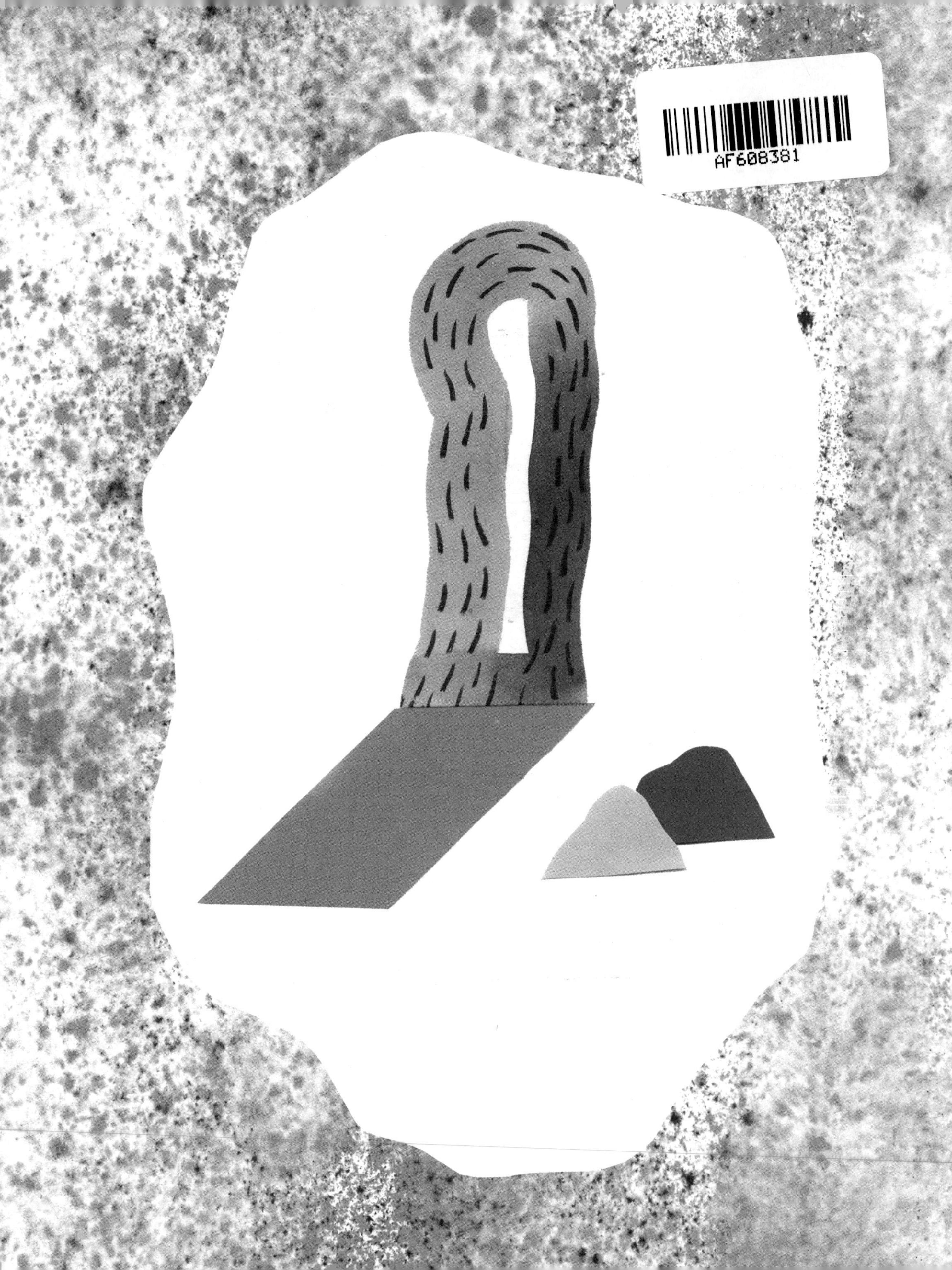

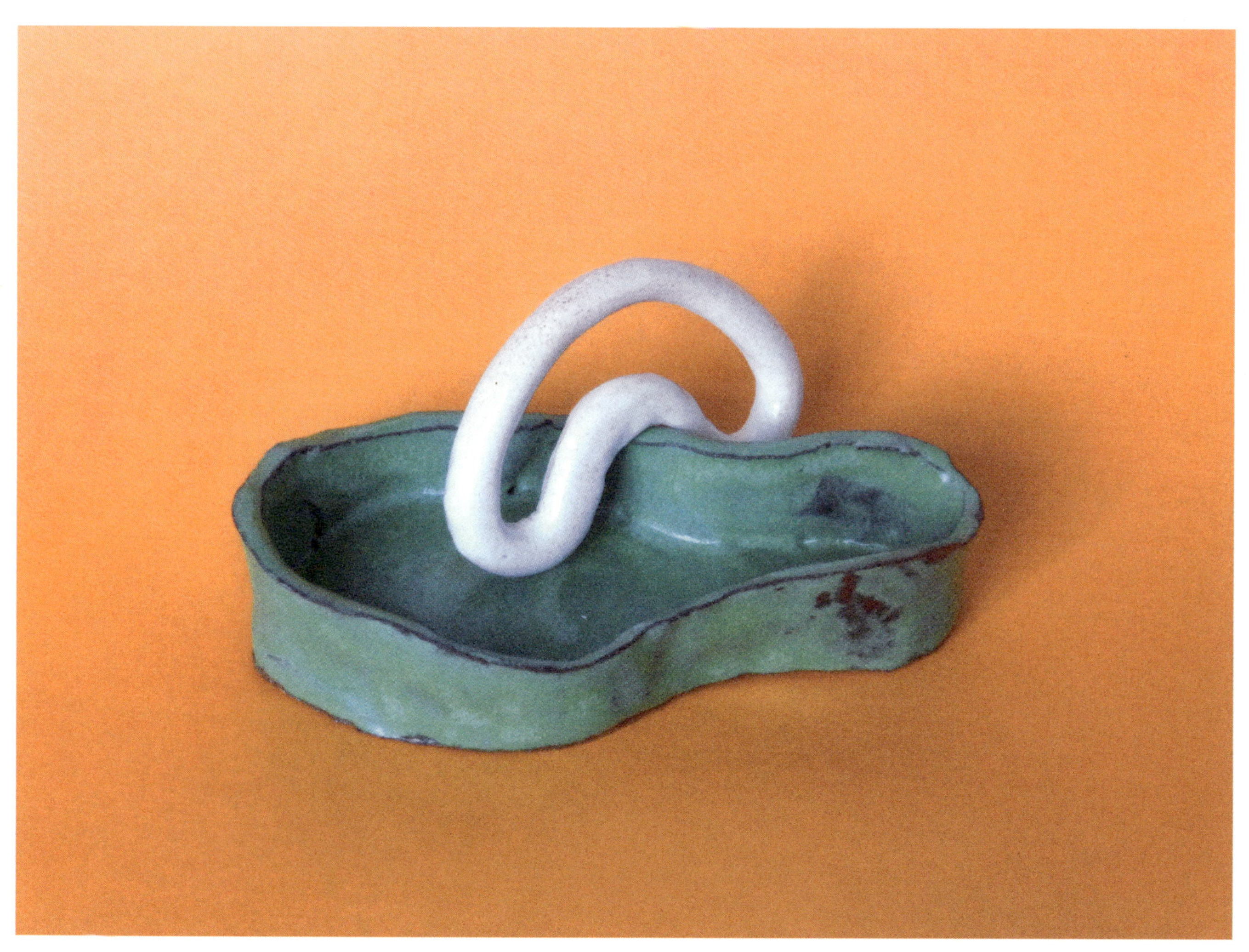

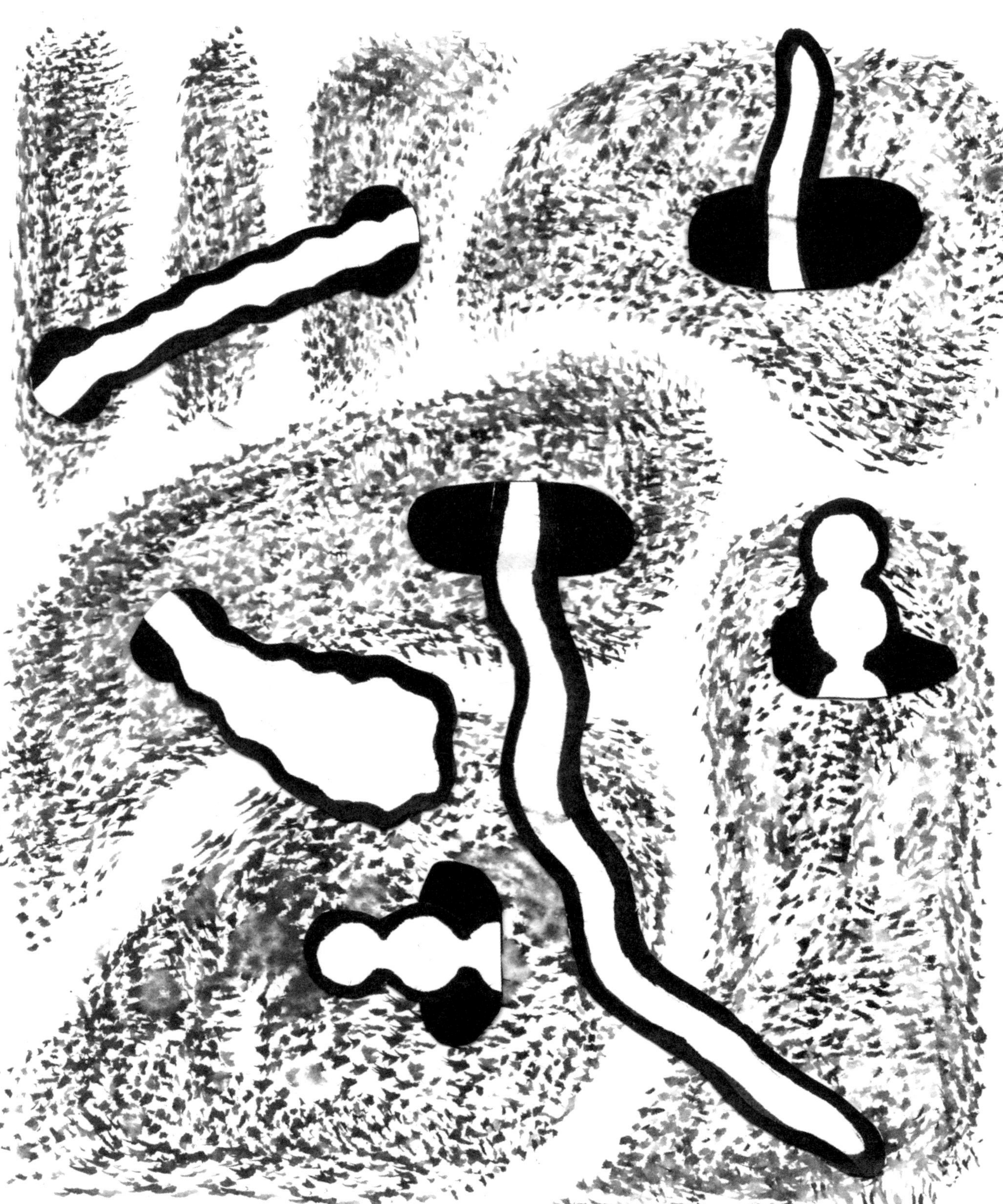

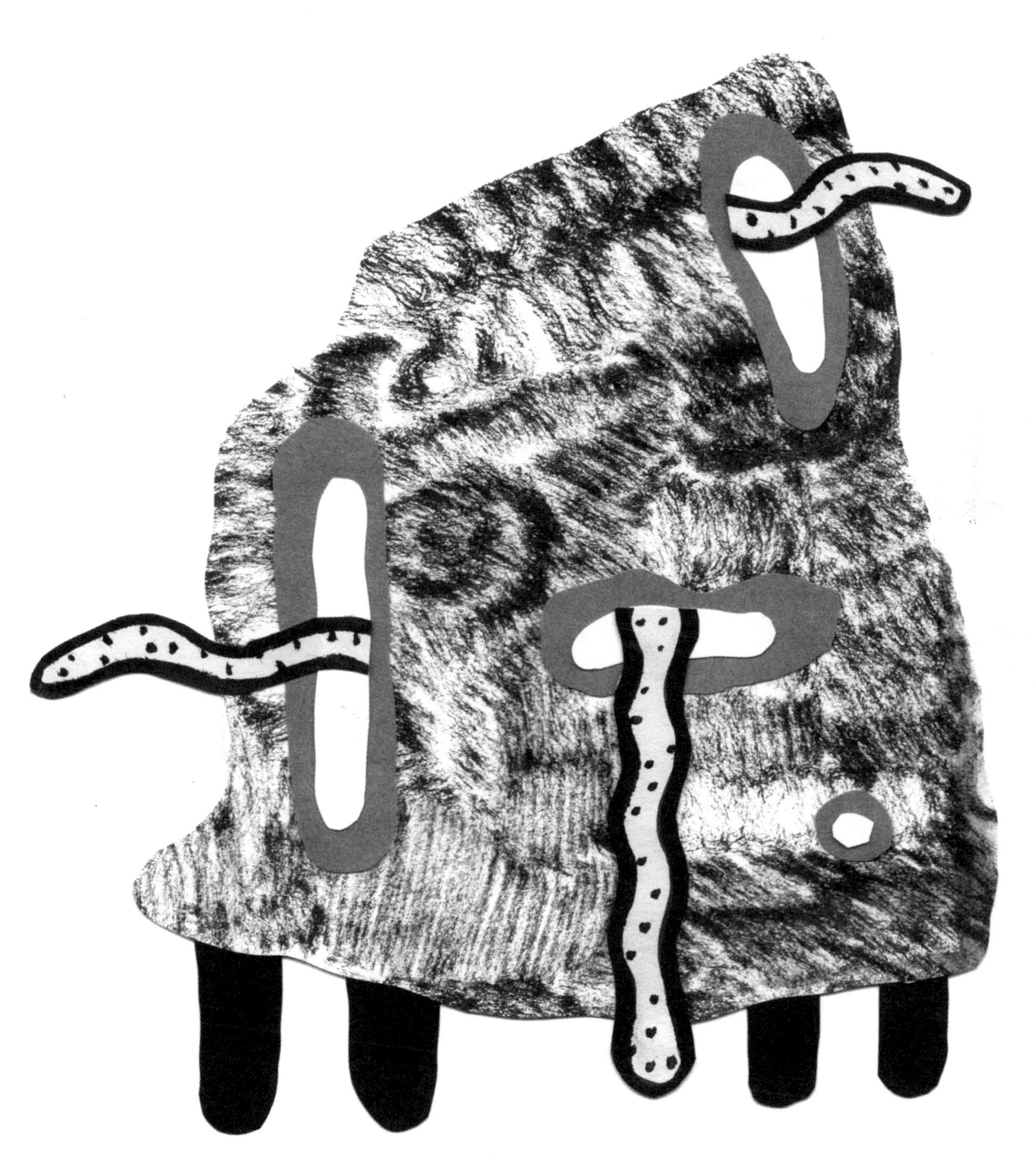

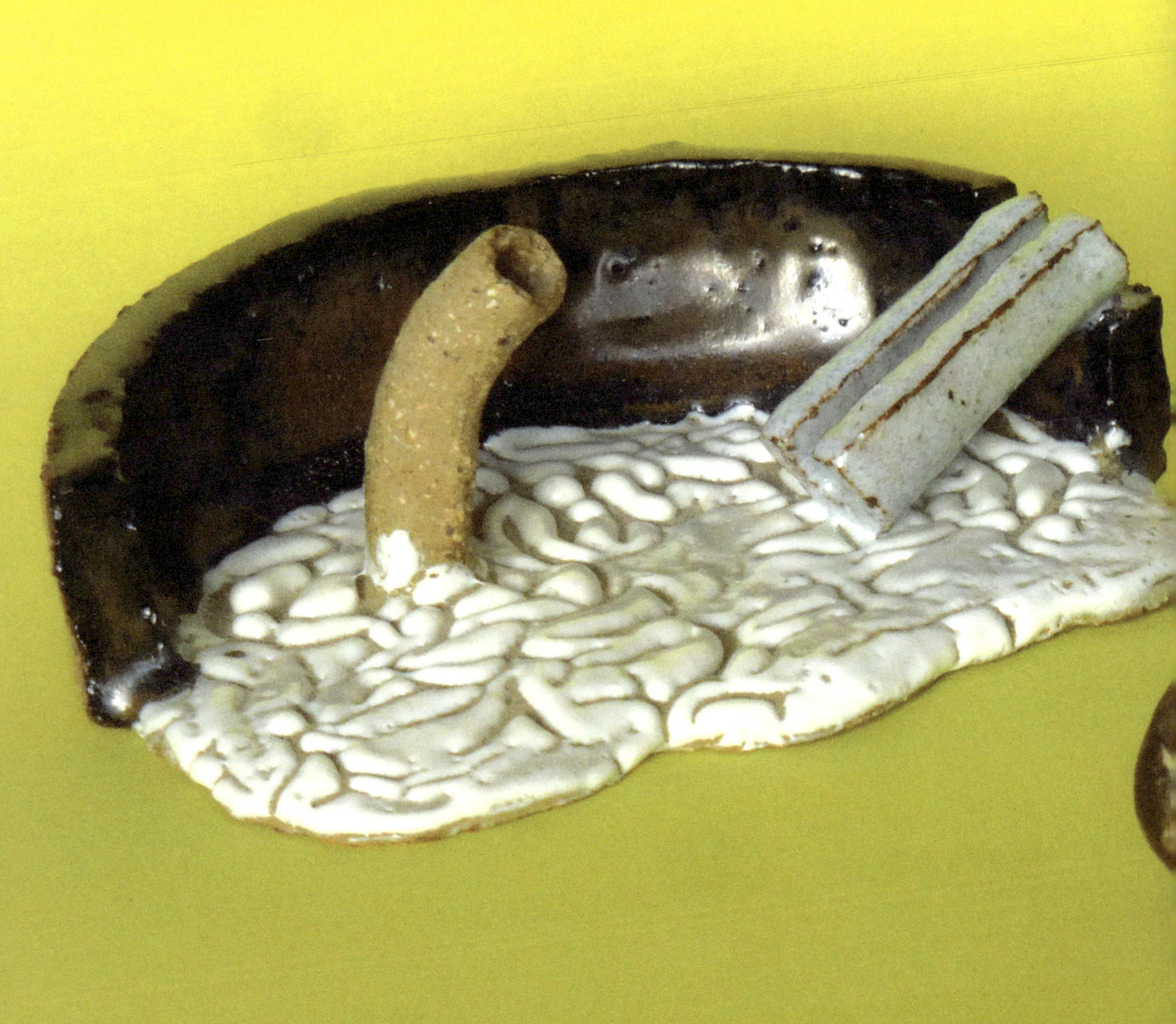

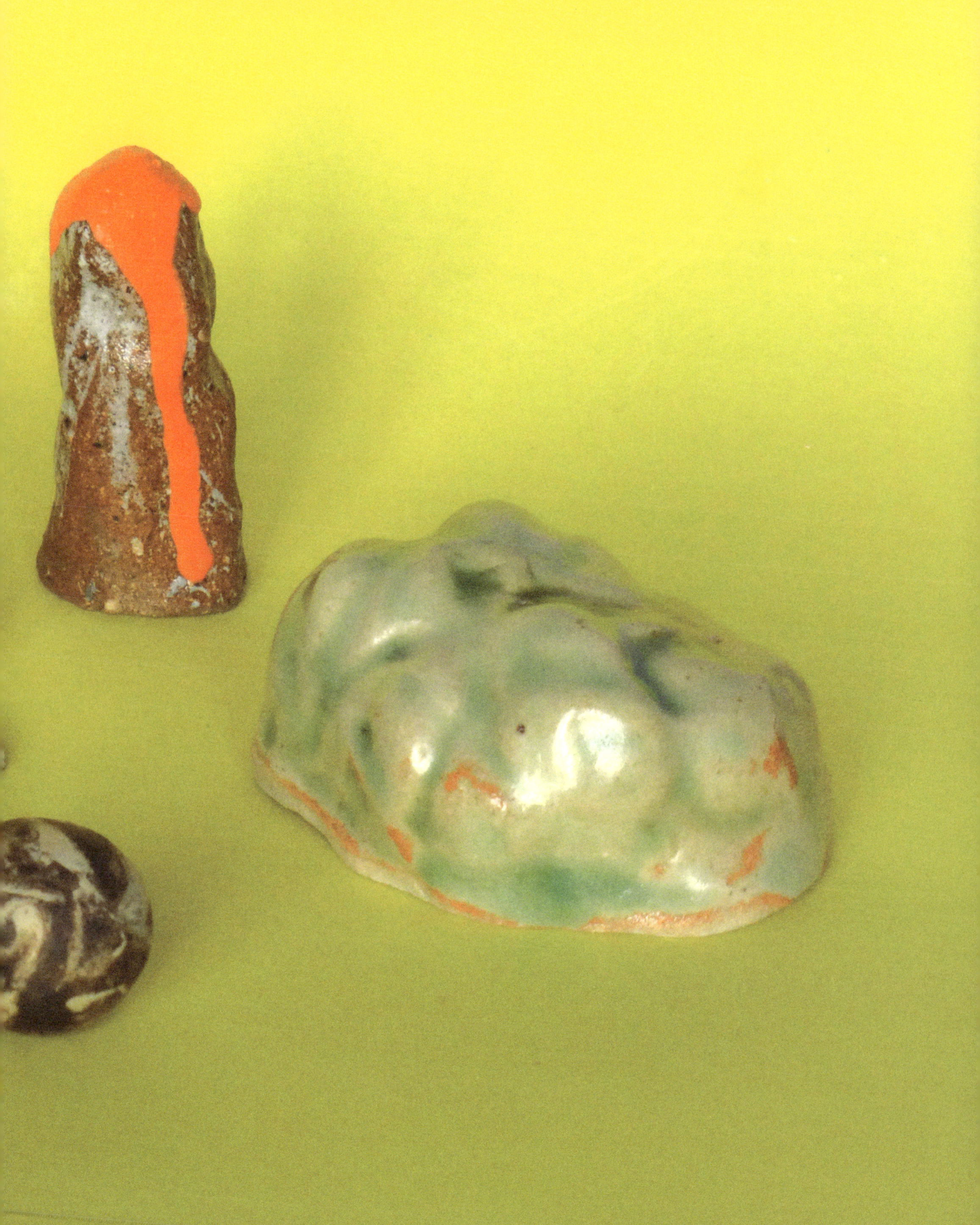

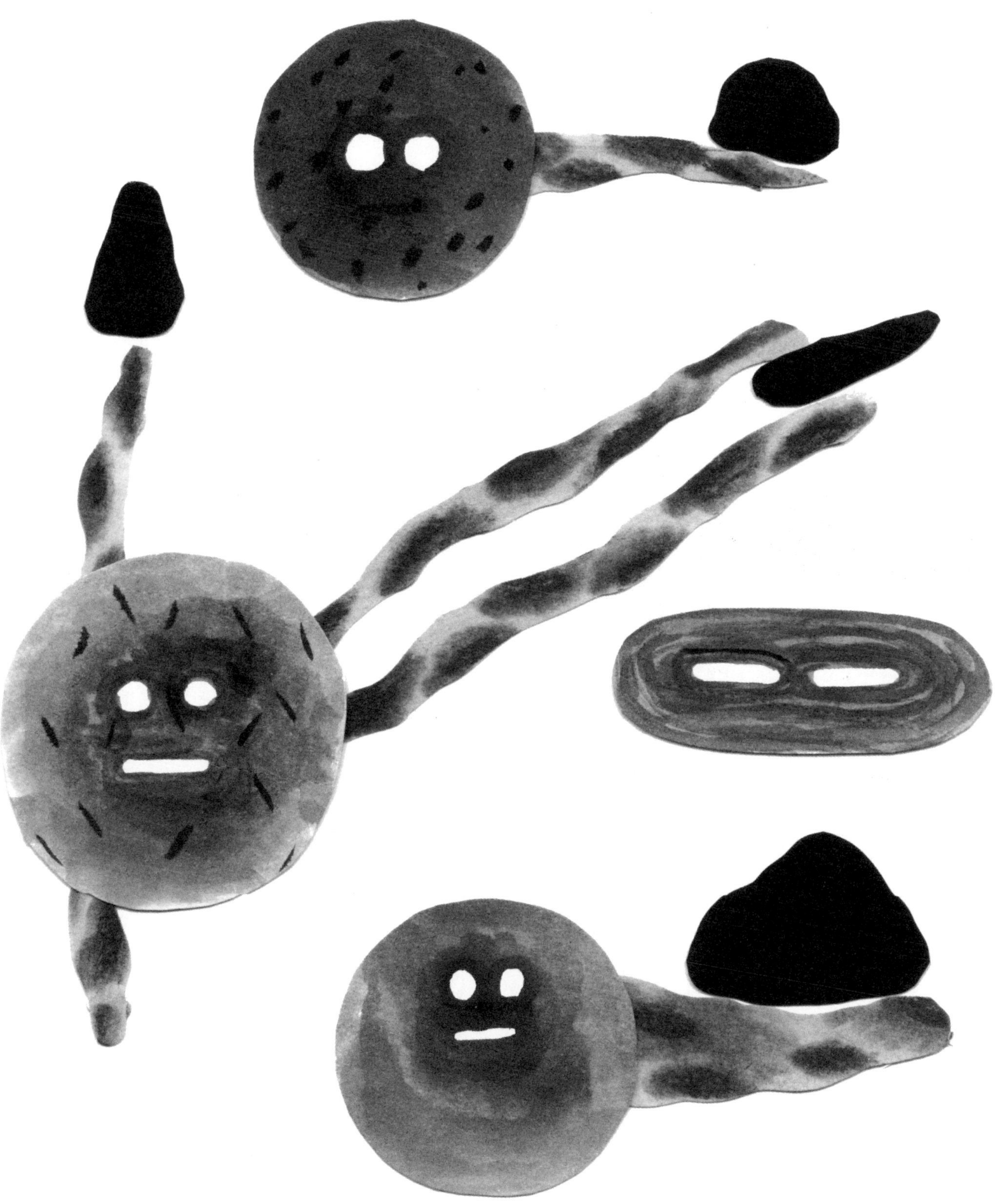

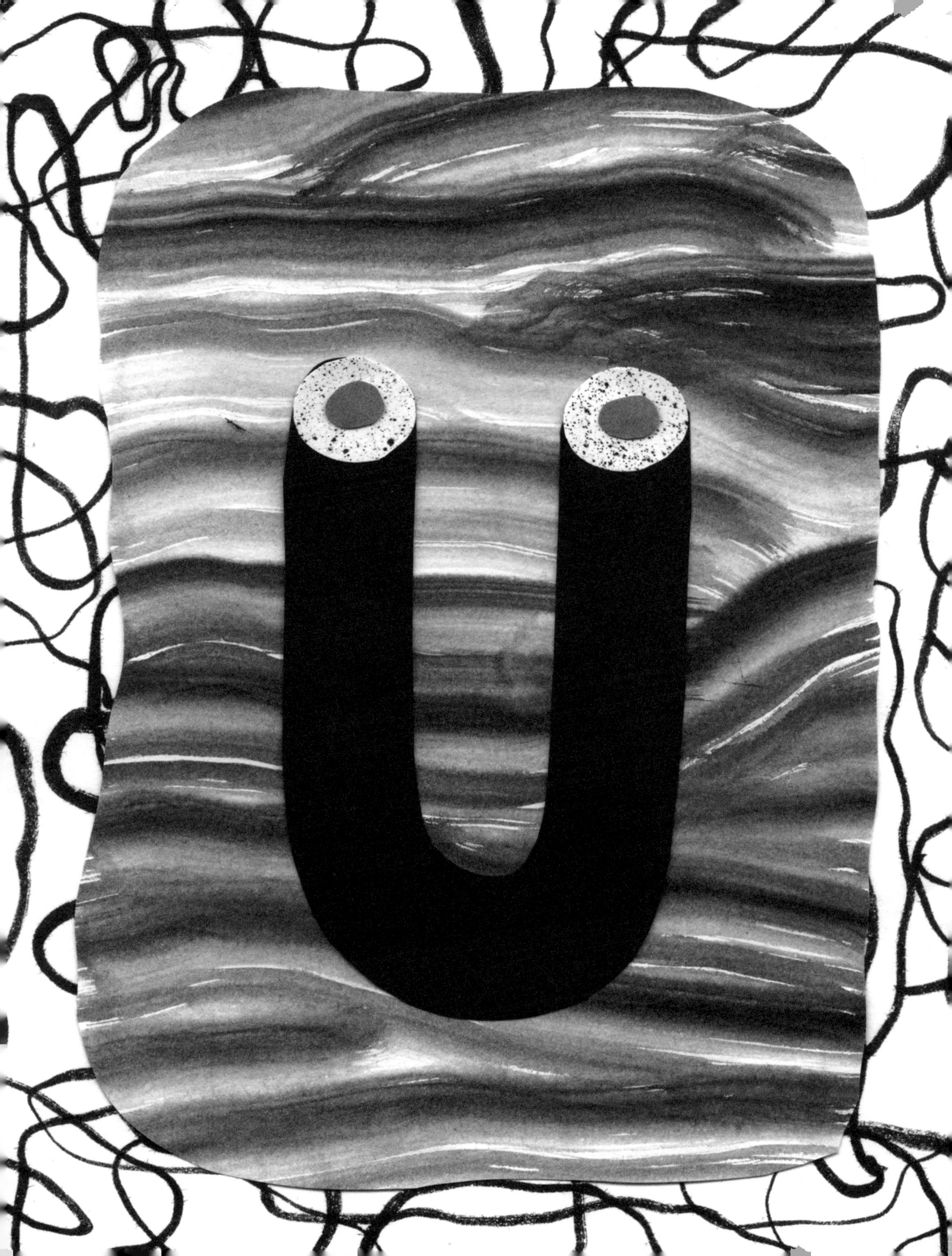

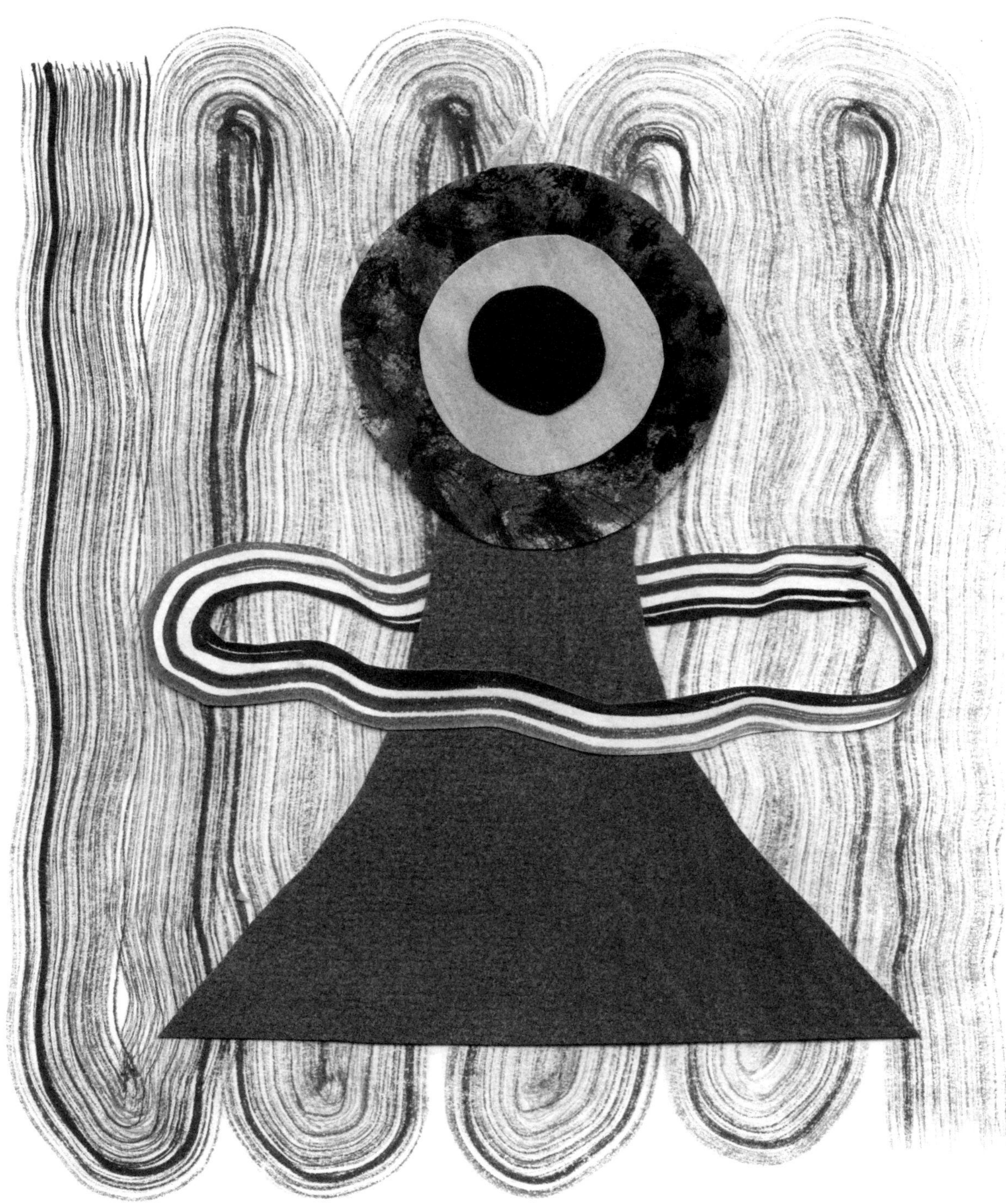

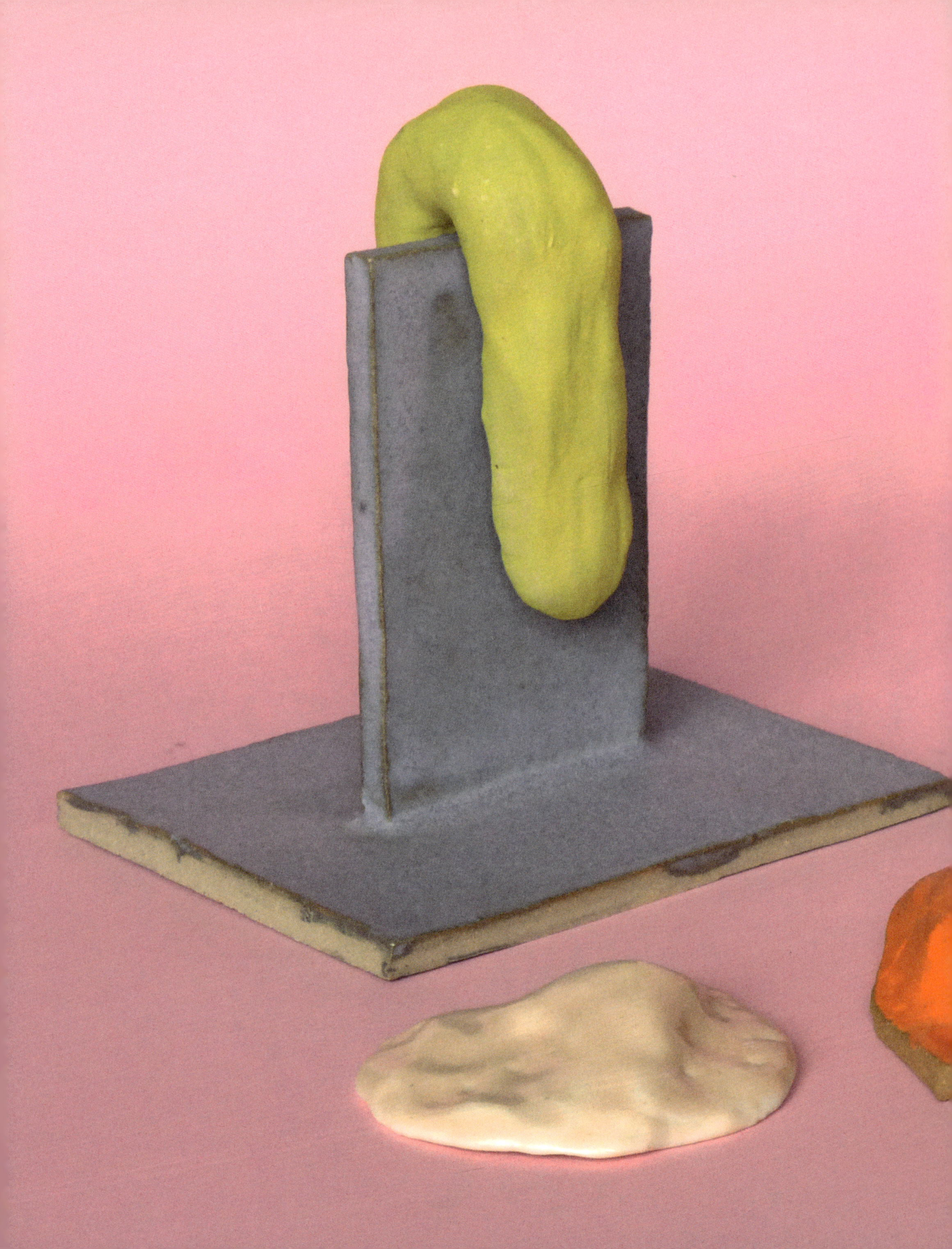

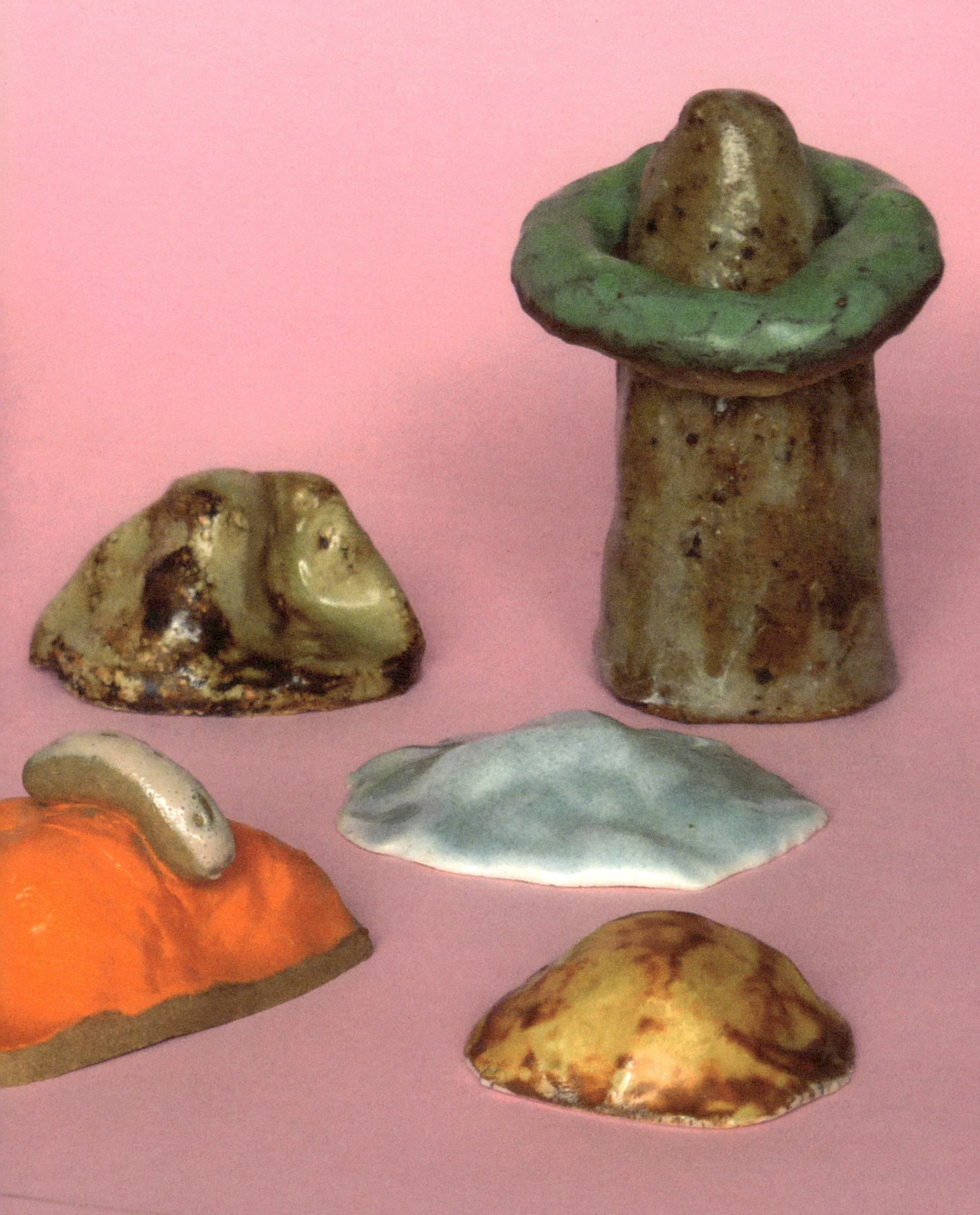

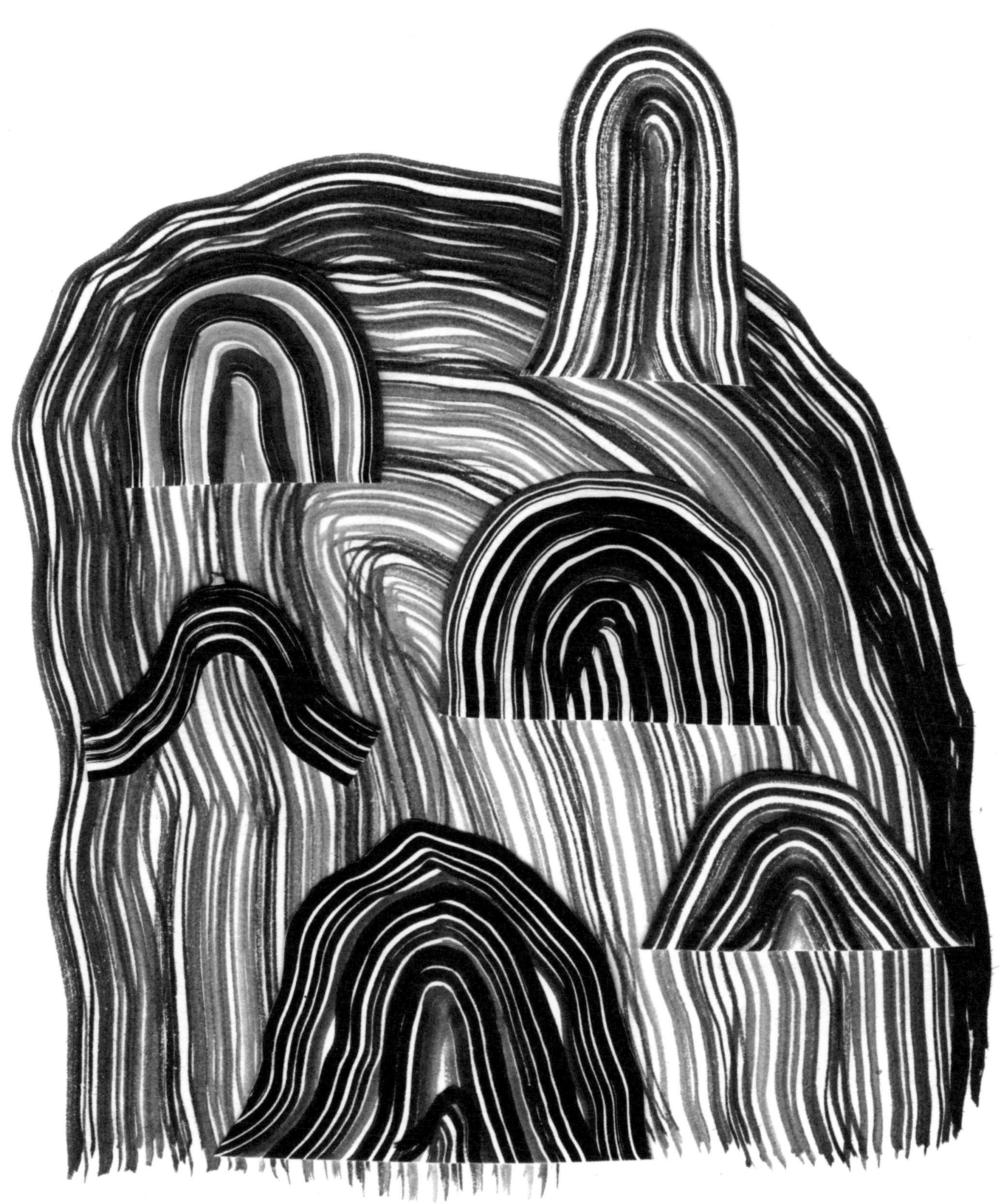

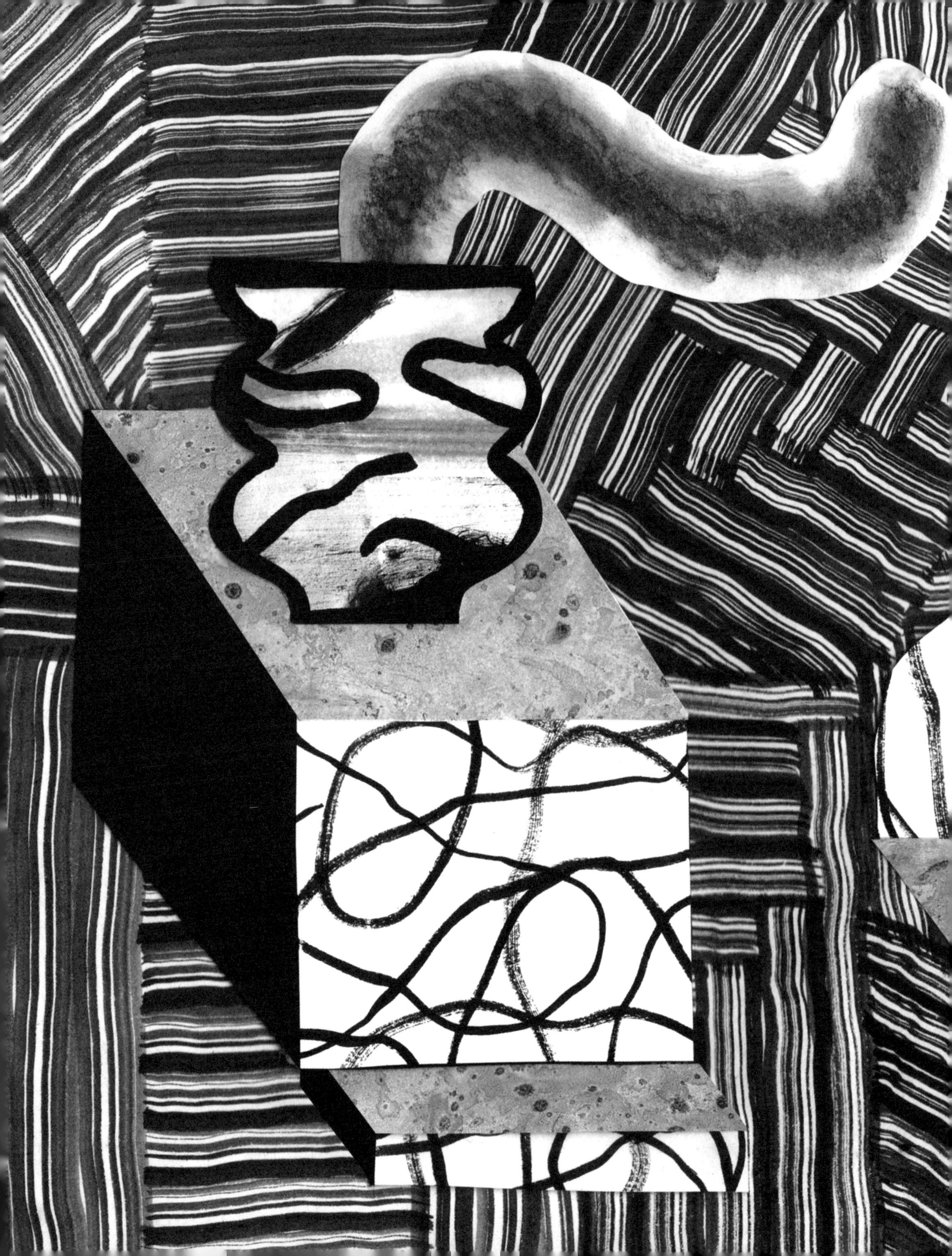

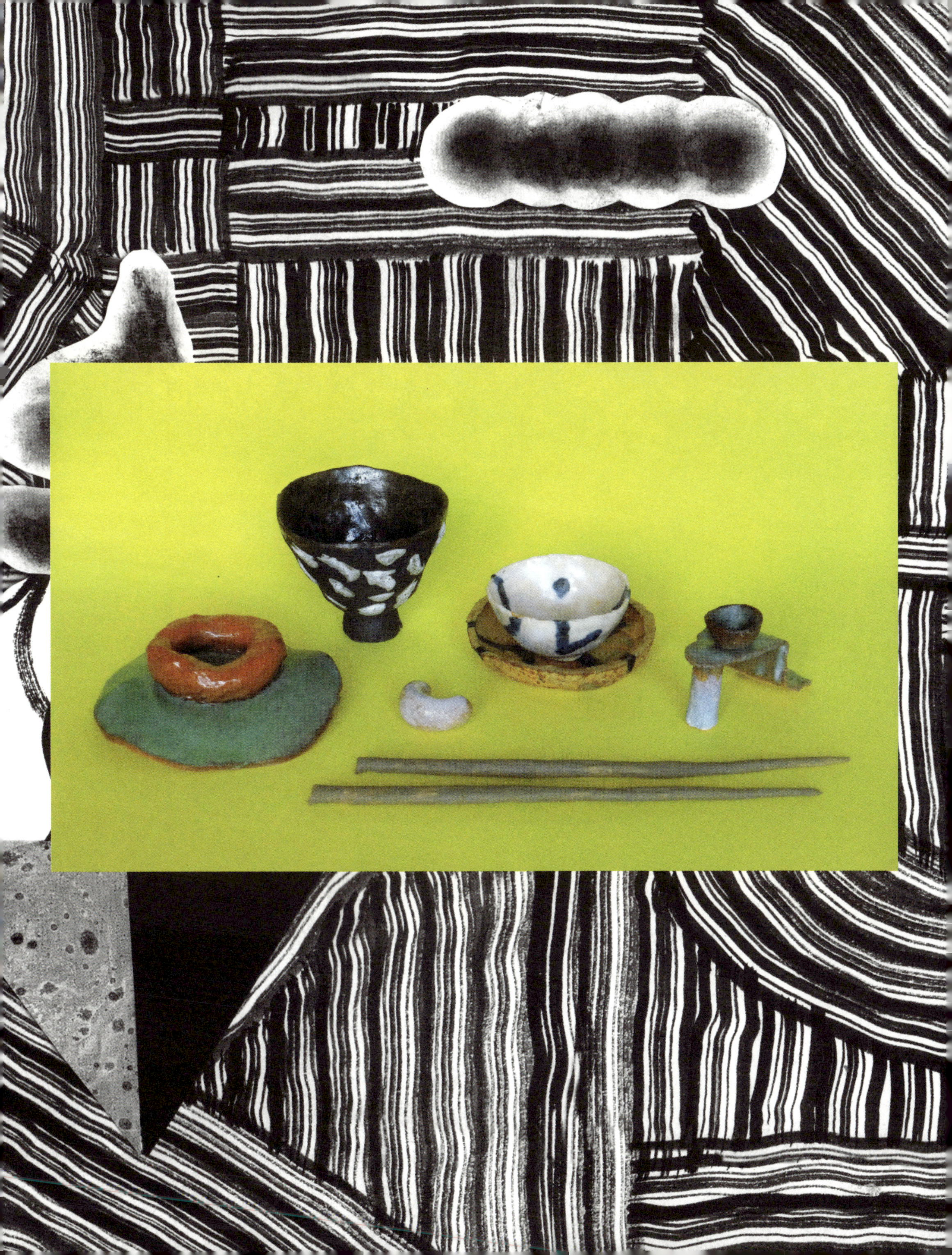

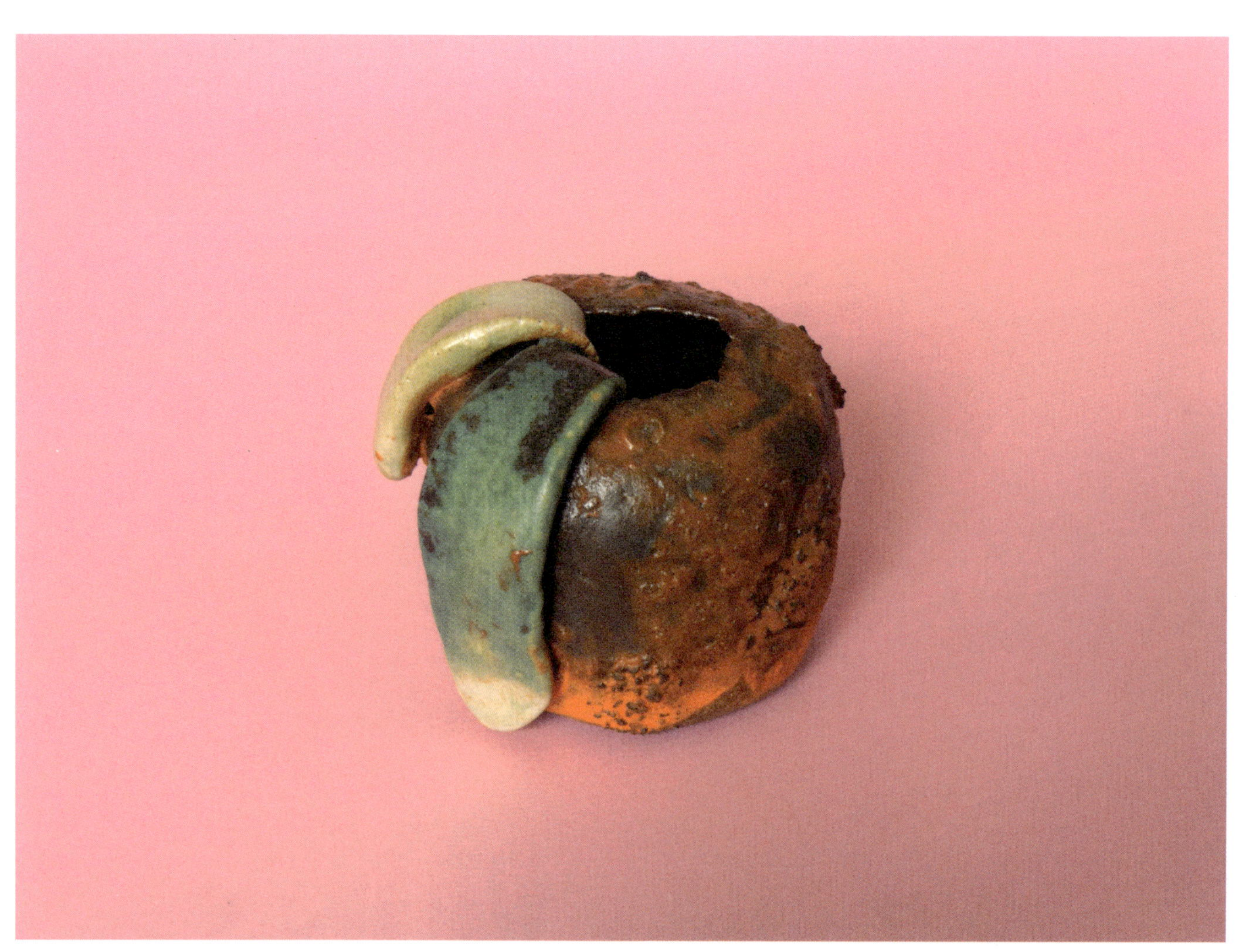

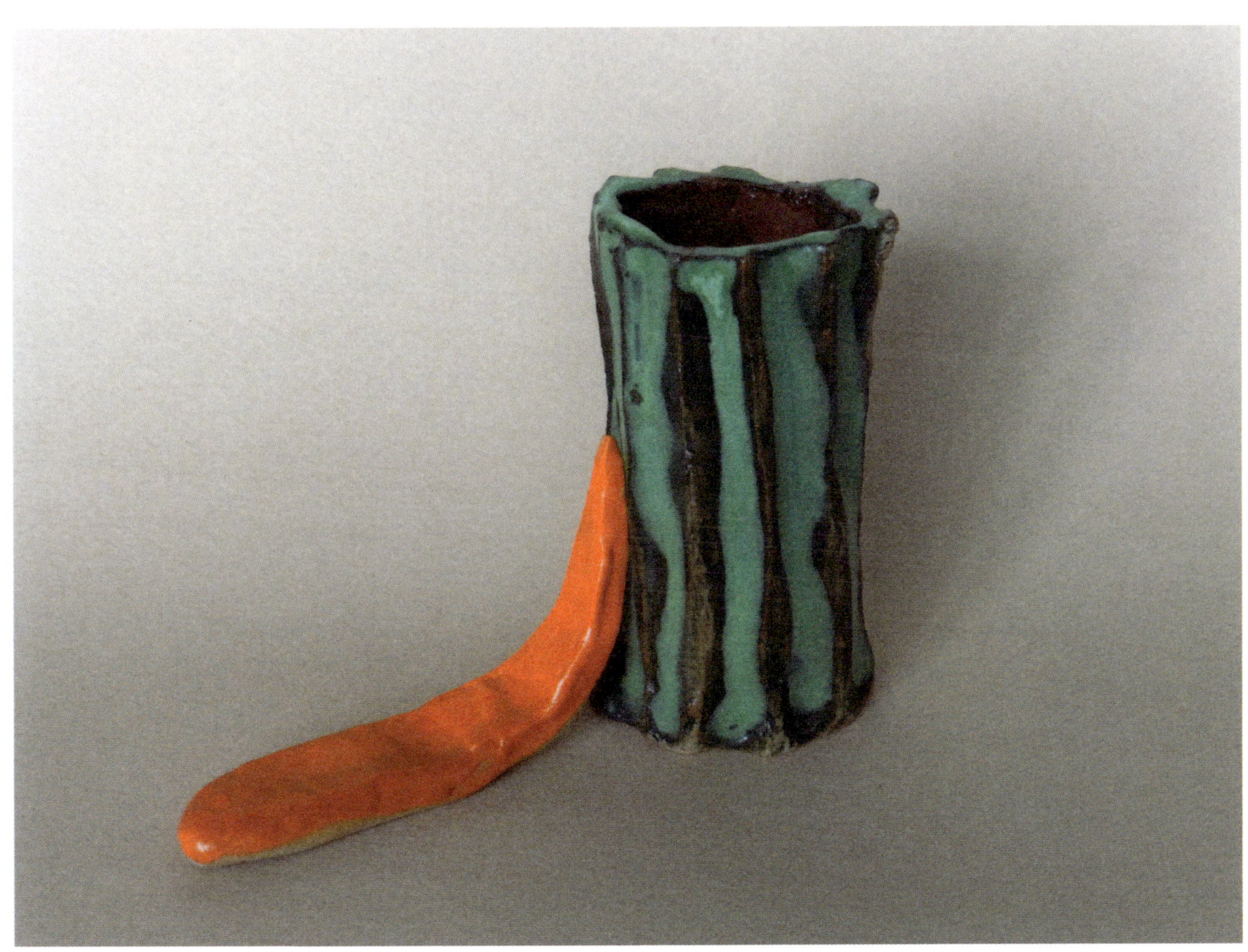

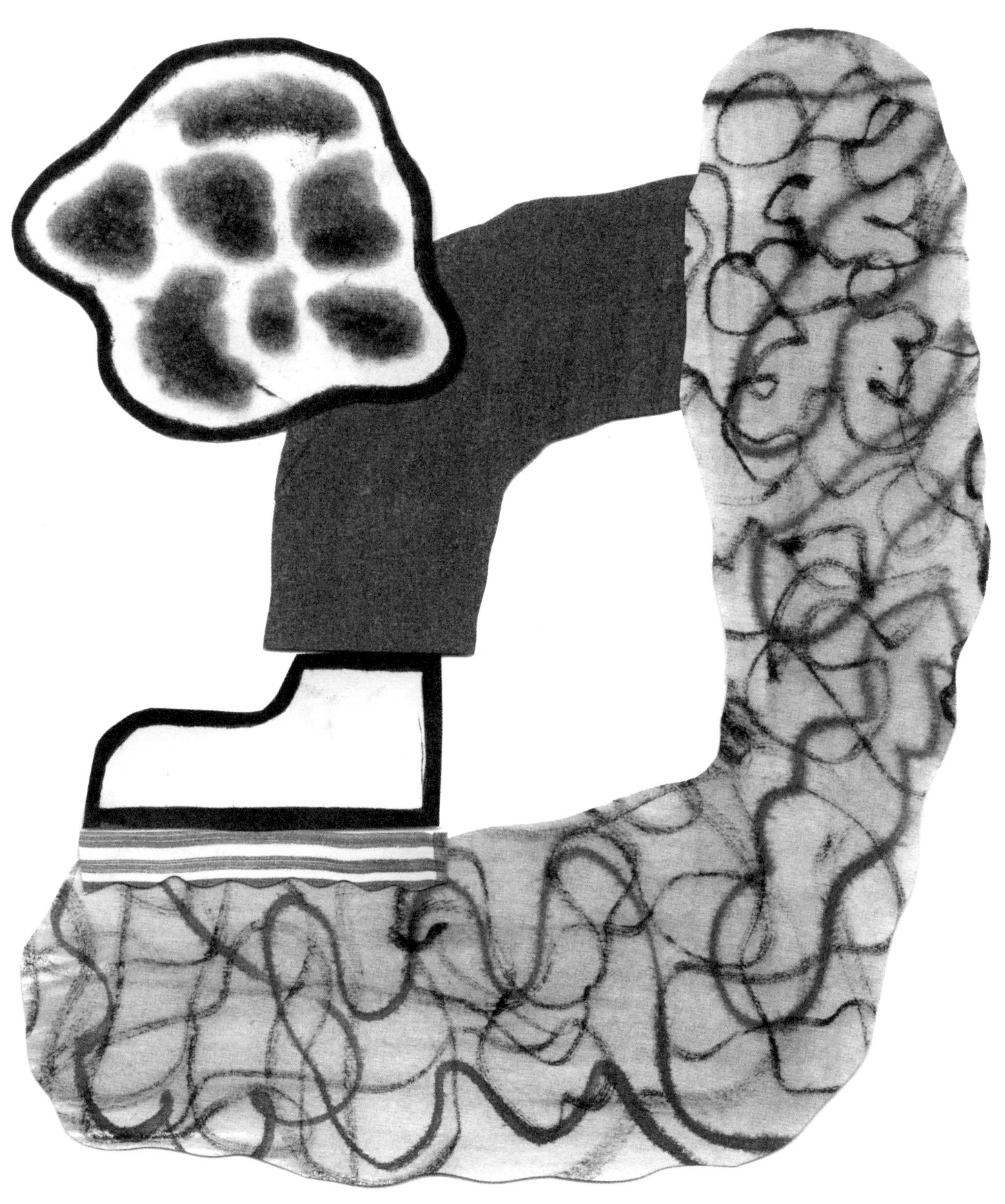

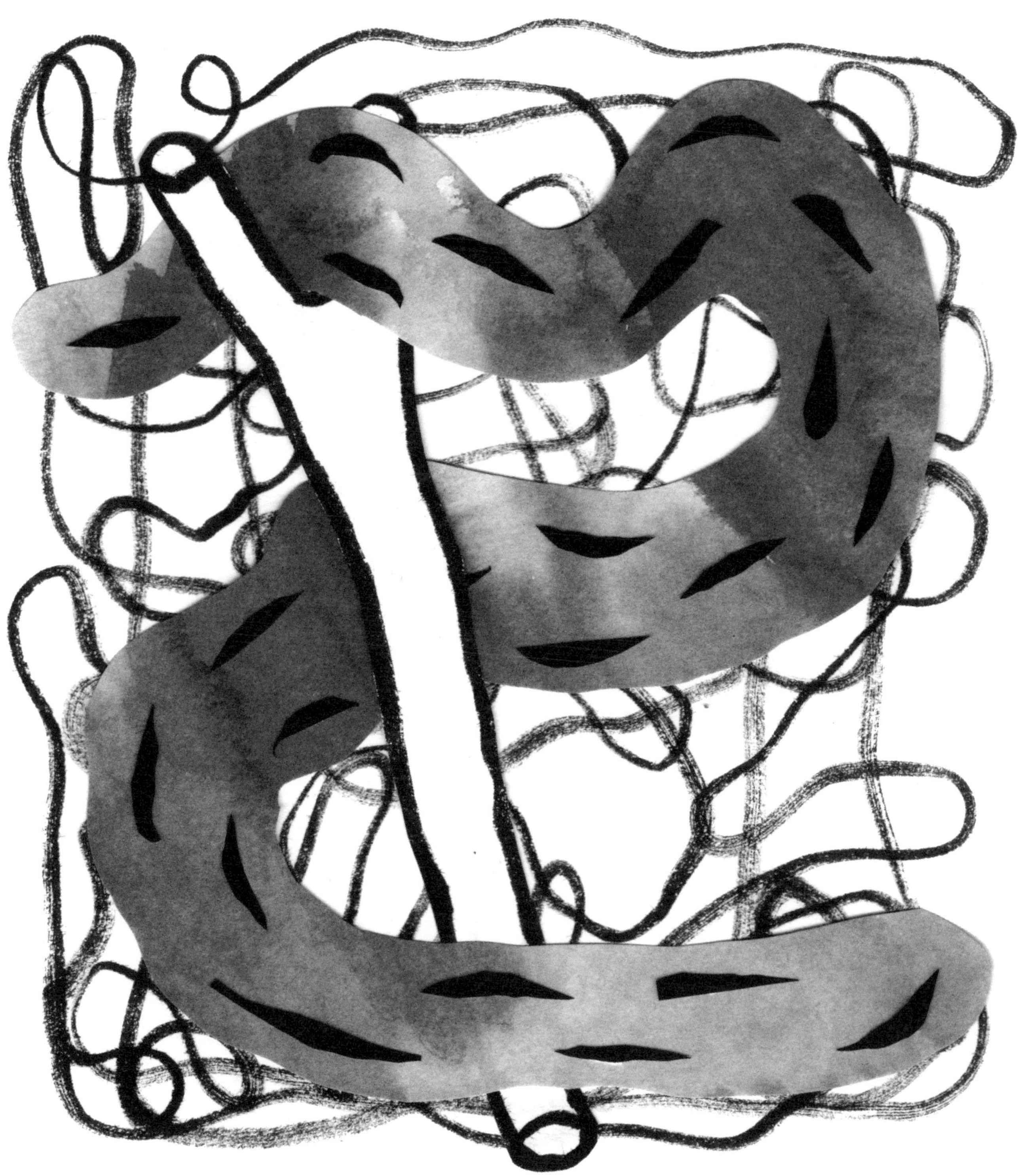

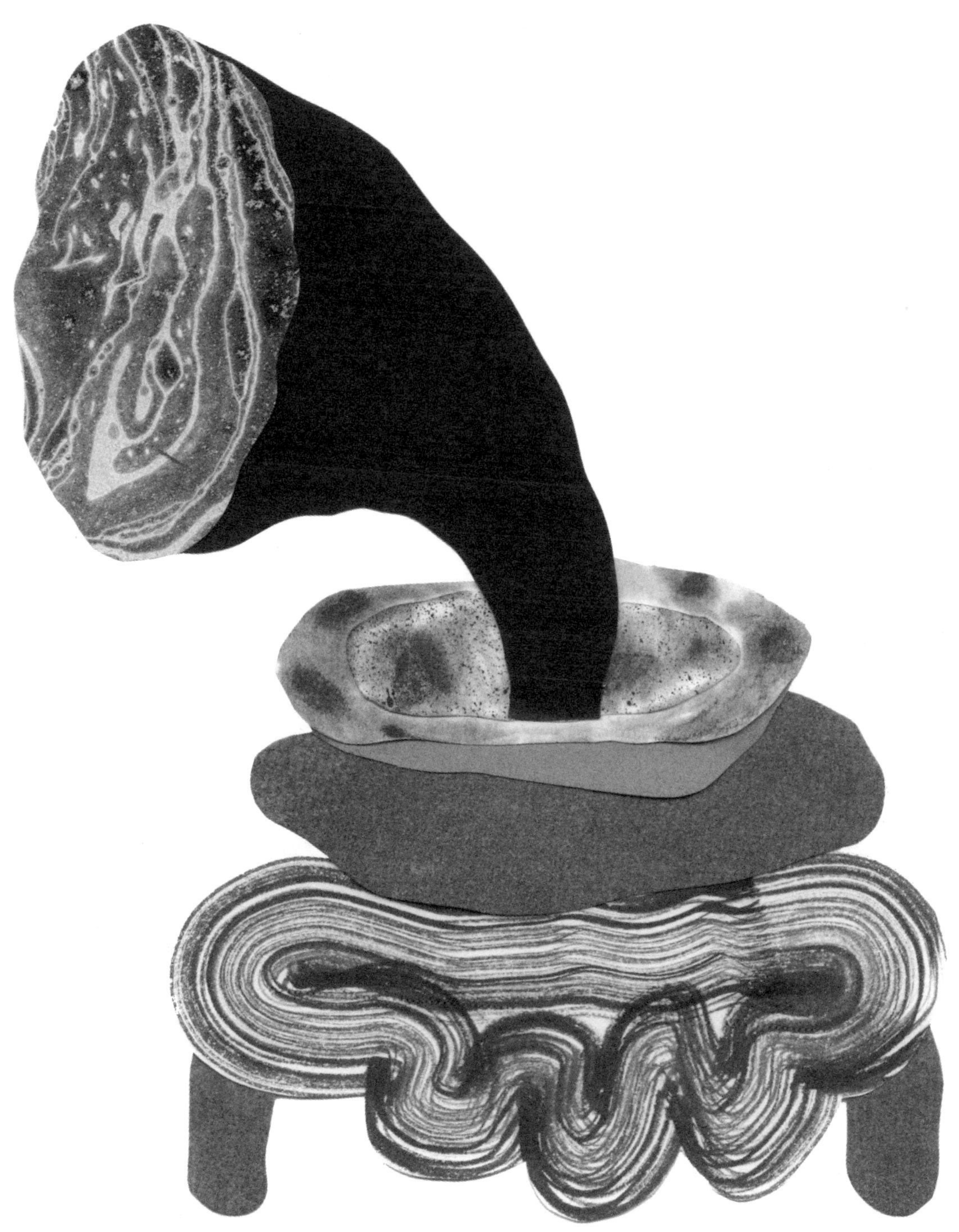

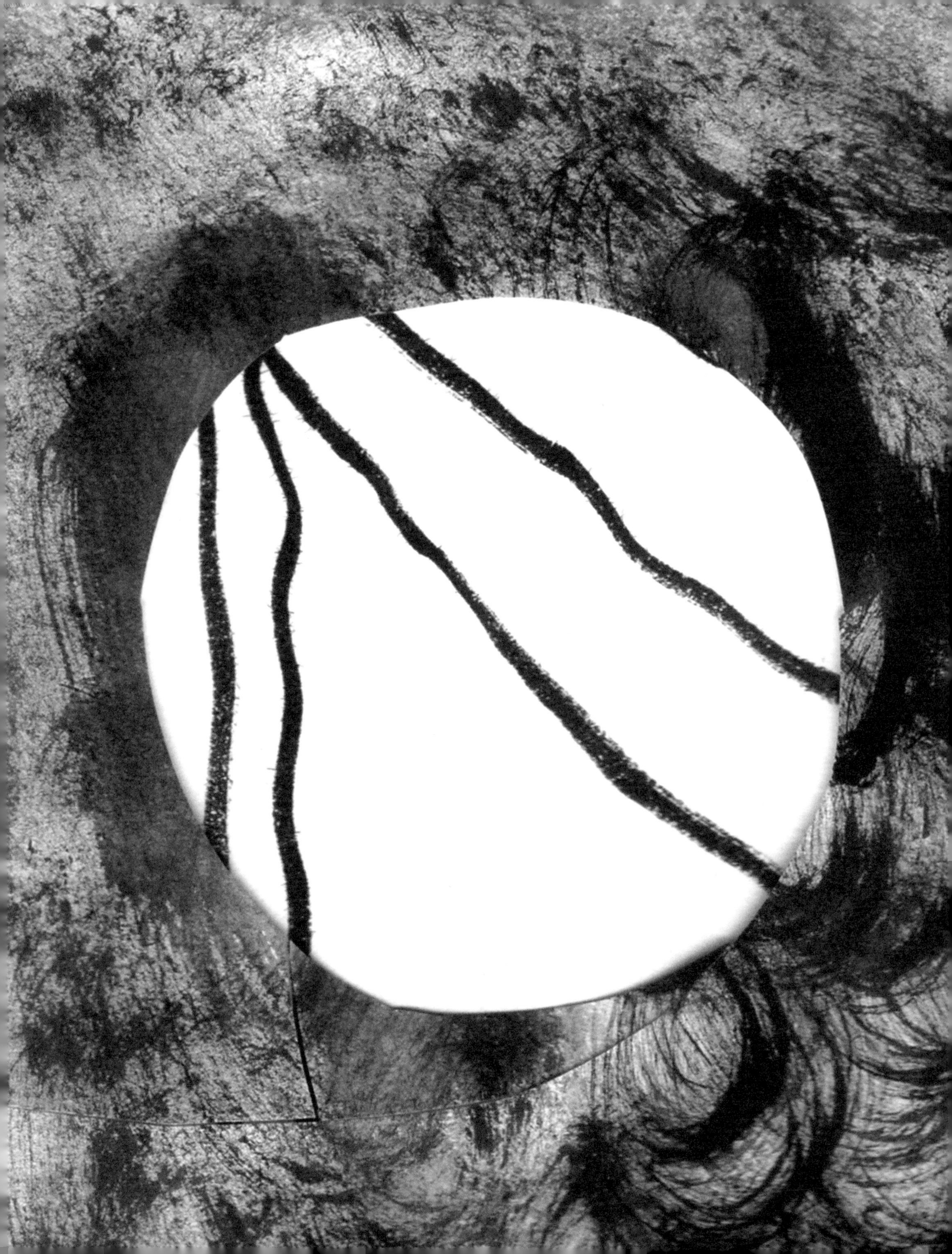

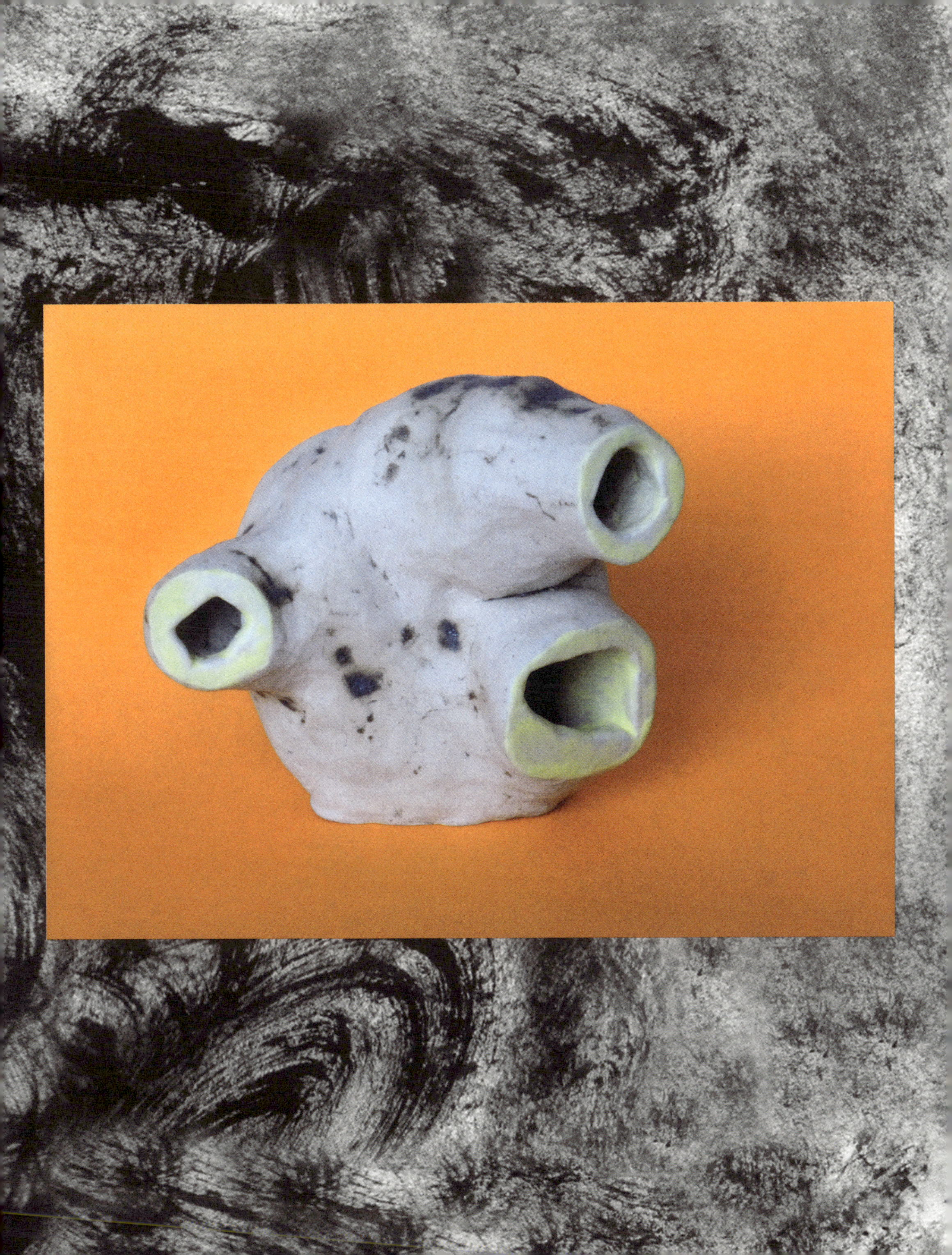

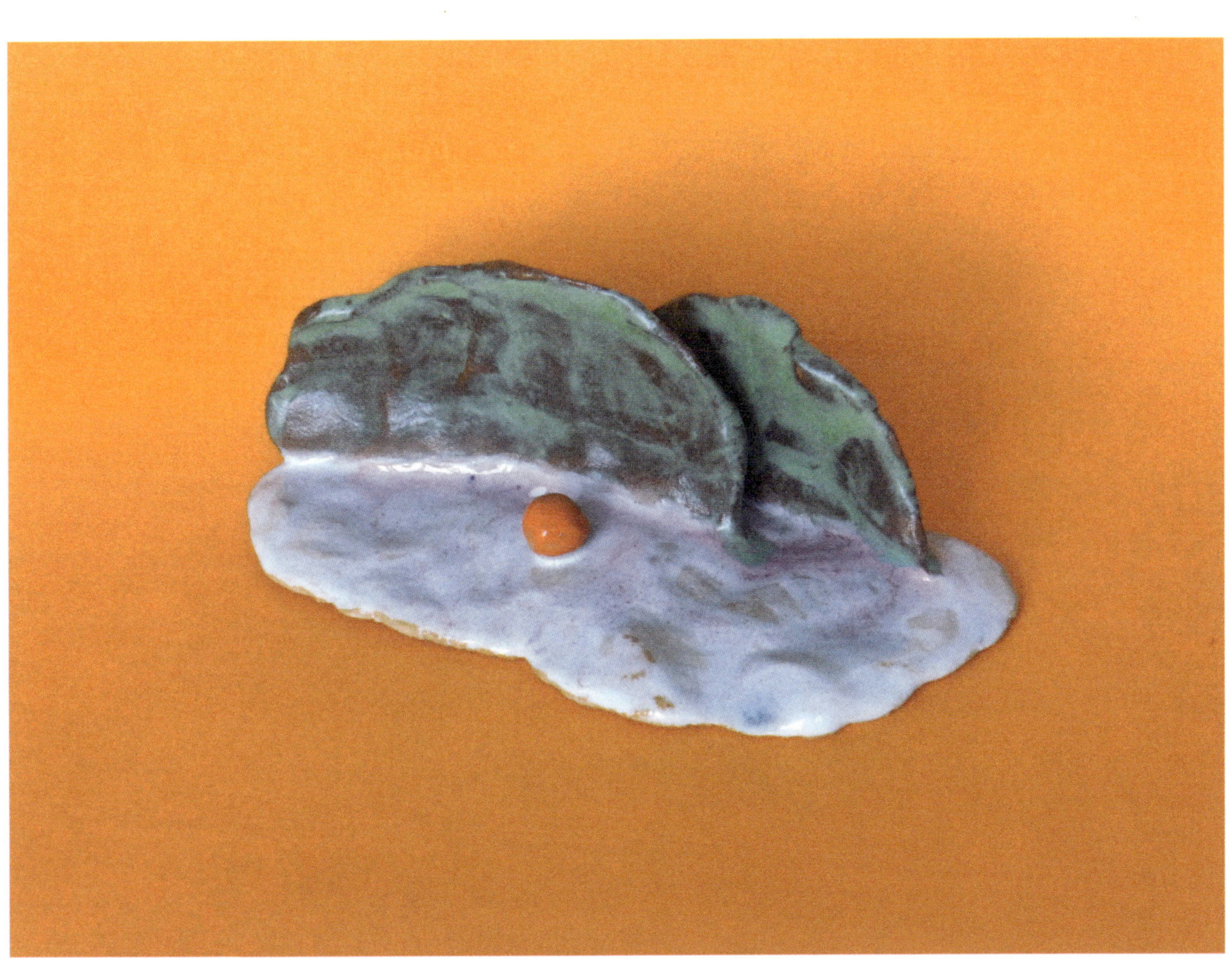

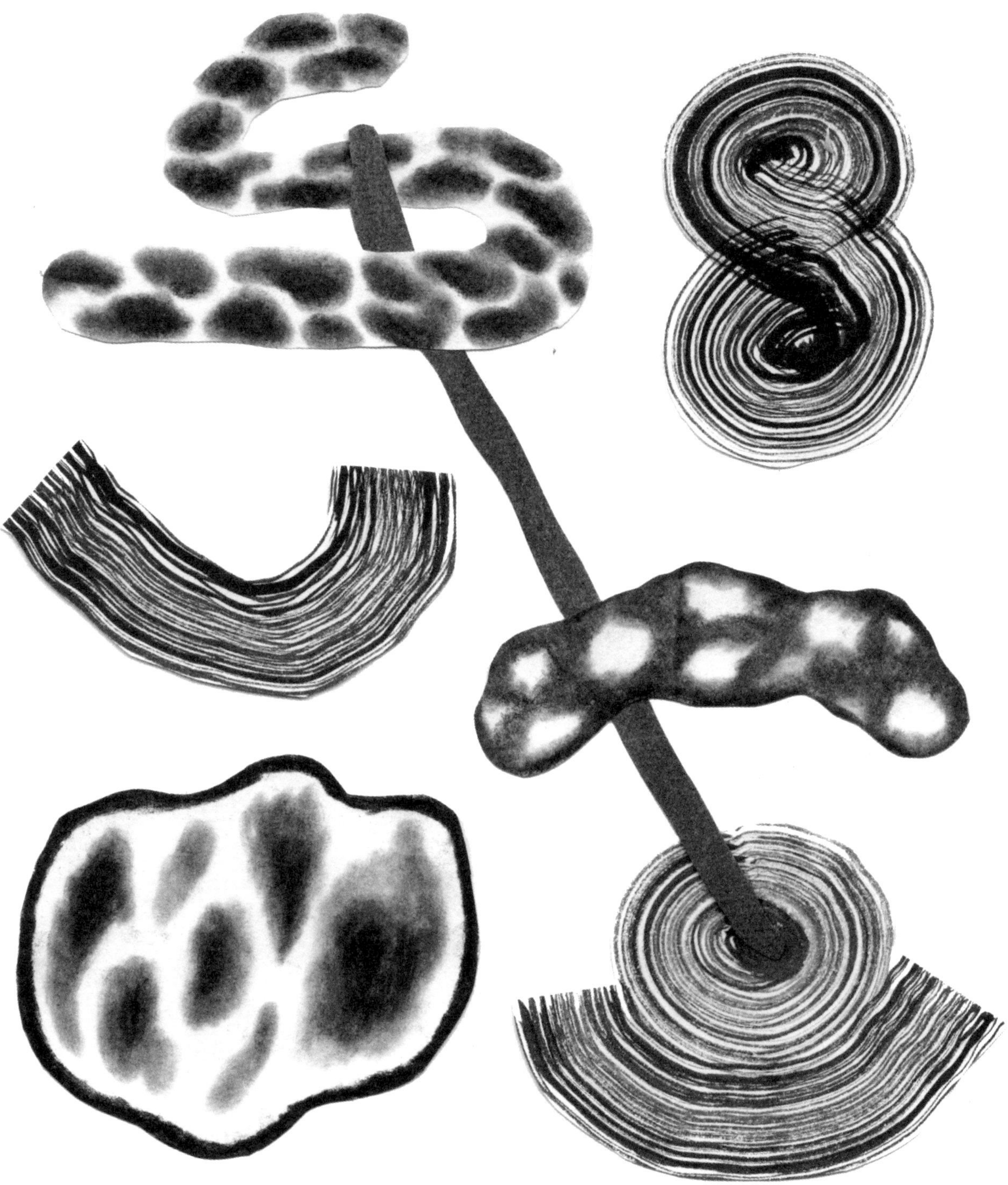

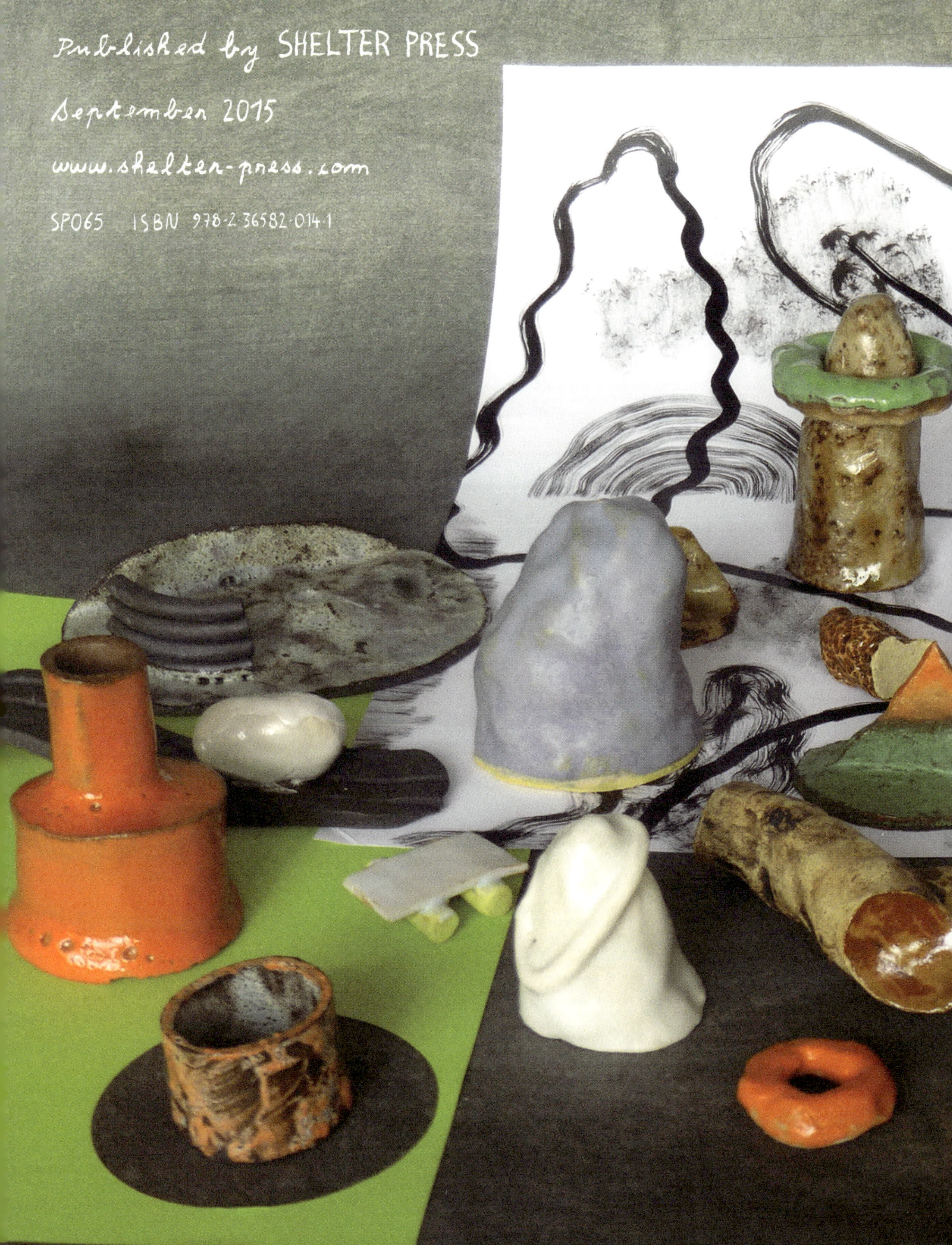
Published by SHELTER PRESS
September 2015
www.shelter-press.com
SP065 ISBN 978-2-36582-014-1